AF599901

GRAFFITI

POESÍA

HUERGA & FIERRO EDITORES

HUERGA Y FIERRO EDITORES, S. L. U.
C/ SEBASTIÁN HERRERA, 9
28012 MADRID (ESPAÑA)
TELÉFONO: 91 467 63 61
E. MAIL: huerga@huergayfierro.com
WEB: www.huergayfierro.com

PRIMERA EDICIÓN
2025

DISEÑO DE ÁNGEL LUIS VIGARAY

DEPÓSITO LEGAL: M-12098-2025 — I. S. B. N: 979-13-990442-2-5
IMPRESO EN ROMADAC Industria del Libro.
IMPRESO EN ESPAÑA

ELEGÍAS DEL INOCENTE
Y EL MALDITO

Reiniel Pérez Ventura

ELEGÍAS DEL INOCENTE Y EL MALDITO

REINIEL PÉREZ VENTURA

GRAFFITI

HUERGA & FIERRO EDITORES

¡Poetas, despertad de su letargo
a todos los que duermen todavía!
Pues como Baco, tenéis derecho al triunfo.

FRIEDRICH HÖRDERLIN

ELEGÍA PARA ADONAIS

A Sergio García Zamora

¡Qué pena que hayas muerto y nadie haya escrito tu elegía!
A veces la muerte calla para que su hijo espantado duerma en paz.
¿Pero qué es la vida del poeta sino la respiración del mundo?
¿Qué es la muerte del poeta sino una mano que acaricia la nada?
Todo halla nuestra boca para revelarse,
a través de mí cantan todas las cosas.
Nos tocan para descifrar el mundo,
nos abren la boca como si fuera un nido
de donde sale tu alondra
que no se posará más sino en la muerte.
Por mí han de pasar los colores callados
que luego rugirán en los bancos,
en las casas de préstamo,
en la callada vigilia del dinero.
Porque mientras tu país vagaba en un sueño de cadalsos
tú te atreviste a percatarte de los pobres,
bajaste la vista del monte Blanc,
bajaste la vista de la belleza, de las colinas italianas
y viste la vegetación de hombres,
los dolorosos hombres de tu patria
que morían de hambre
adorando el nombre de sus asesinos.
He ahí tu pueblo, hijo del aire celta
que nacía del centro de los árboles,
tu pueblo que marcha con la piel dormida.
¡Qué pena que nadie hizo tu elegía!
¡Y qué pena morir sin una propia!
Cuánta pena el silencio, la prisión humana, el dolor,
la marea que inunda los huesos y otra vez nos moja.
Cuánta pena la nada que somos
cuando nos niegan la voz del poema.

No escuches tu tiempo ni tu sangre,
porque el canto puro es siempre ajeno,
el canto puro siempre nos destroza,
el canto puro nunca baja la cabeza.

Arriba canta, arriba, levanta los árboles de tu tumba,
levanta el nervio de los planetas contigo,
junto a tu garganta llena de palabras recónditas,
sube entre las cosas y los relámpagos de la vida,
sube por mi elegía que es la elegía del mundo,
sube amigo, sube entre los presos y sus carceleros,
entre las víctimas y sus confesores,
sube entre la carne y la espada, entre el beso y la condena,
sube entre la humanidad hermanada y la humanidad dormida,
abre un camino de ceniza, álzate digo,
ven a buscarte, ven a buscar la poesía que es siempre de este mundo.
Habrás de volver en el eterno cuerpo de la belleza,
habrás de ser un pedazo de mundo que muere
mientras nos nace el dolor en el pecho cada mañana.

Qué pena que nadie escribió tu elegía,
pero tu voz se alzará con todos los ignorados,
con los pobres, con los dolidos.
Por ti hablarán los árboles, las casas, las viudas, los cementerios,
las cárceles de Inglaterra, los huesos de Byron,
los manuscritos indefensos de Coleridge,
la blanca tez de Keats que será la negra tierra del futuro,
el sueño de una noche de verano
y la pesadilla de los días de invierno,
un árbol que crece sobre la tumba de tu hijo
y uno que crece sobre tu propia tumba.

Por ti hablarán los sencillos campesinos
porque escribiste para los que te aman y te ignoran,
los que viven buscándote en la dura realidad.
A donde has ido ya no necesitas la palabra ni la adoración.

Nadie escribió tu elegía, ni siquiera tú mismo,
nadie pudo hacer semejante traición.
Nadie se atreverá, desdichado amigo,
porque toda elegía es la vanidad de los vivos,
porque la muerte nunca responde en el fondo de las cosas.

ELEGÍA PARA EL QUE ESCRIBIÓ EN LA SUPERFICIE DEL AGUA

Tú, hermano Keats, no entendiste
por qué se despedazan las encías del cielo
abriéndote el alma,
por qué se arrodilla el mundo ante tus ojos,
avergonzado de tu derrota,
de su hijo destrozado con el párpado
como un cuchillo enfermo blandido en la nada,
sin llegar al hombre que te leerá como un padre abofetea a su hijo.

No entiendo por qué el cielo te abrió el canto
y solo salió el grito de un torturado.
Debiste entender tantas cosas,
quien entra a la palabra como un gendarme
solo mirará al mundo con los ojos del terror.

Lo eterno anda descalzo ante el hombre común,
y vienen los fariseos a saquear su templo
como palomas bajo la presión de las cúpulas,
como silenciosos búhos devorando la noche.

De ti volveremos para nombrar el mundo,
porque solo escribo donde están tus pulmones destrozados,
donde están tus manos abiertas para siempre,
aquí donde la yugular de la envidia
marca su cruz de estaño en la palabra hermano.
Pero sucede que la poesía nos ve,
la poesía nos señala,
así sucede que nunca escribimos en la superficie del agua
donde los verdugos aún se atreven a golpearnos.
Tú eres el niño despierto a medianoche
mirando asombrado el mundo,
sin saber por dónde regresar a la madre.

Solo has escrito tu nombre
y has muerto sin poderlo borrar.
Ahora yo te leo para perdonarte.

CÁNTICO PARA EL TEJEDOR DE SILESIA

Triste Heine, los poetas son los verdaderos tejedores de Silesia.
Los que tejen el manto de la poesía y van desnudos.
Sin ellos la herida de la humanidad seguía siendo la misma
mientras la guillotina crujía en París como una máquina de coser.
Deben señalar a los hijos la alta cetrería de lo verdadero,
porque la dignidad es más alta que la cabeza de un rey.

Cuánto quisiera decir contigo que es esta, mi mano,
la que zurce el corazón del mundo.
Pero no me dejan hablar por la lengua de la tela,
no me dejan medir la tierra para vestir al hombre.
Yo siempre estoy detrás del tejido,
yo siempre salgo de la rueca como las revoluciones
bajando por las cabezas hasta dormir
al lado del niño que oye el griterío del mundo.

Al final la desnudez guía al pueblo hacia la libertad,
al final los hombres se abren como la tela ante la aguja del tiempo
porque todo vive desnudo en su corazón.
Al final, triste Heine, los poetas somos los verdaderos tejedores.
El pueblo marcha al cadalso sin quejas,
con el ritmo de la rueca sobre el músculo.
El pueblo se sujeta el pecho para que no caiga
pero los poetas vociferan.
Los poetas se visten con la palabra,
se abotonan al dolor
y cantan hasta el pie oscuro de la noche
que patea a los fusilados hacia la sombra.
Cantan ante los cañones
y tejen, tejen, blanden sus pechos desolados,
guían al pueblo que calla, al pueblo deshabitado
que sigue pariendo los botones de la historia
hasta que la desnudez sea más humana que las revoluciones.

TRÍPTICO DEL PARAÍSO

I

Proust creía que el paraíso es el tiempo perdido.
Y yo me pregunto: ¿acaso vale la pena recuperar cosas
para las que no fuimos hechos?
Vivimos como monedas que van perdiendo su fulgor primero,
y al final solo somos un rostro
que se desdibuja hacia lo profundo del metal.
El tiempo es una moneda sin rostro que paga nuestras vidas.

II

El sueño es un paraíso diario.
Todas las mañanas nos expulsan de él.
Todas las mañanas tenemos que ir a trabajar
o tenemos que hacer el pacto sonoro de la existencia.
Por la noche retornamos
dejando al hombre en la puerta.
Entramos solos.

III

Milton creía que todo paraíso es un paraíso perdido.
Yo digo que estamos en el paraíso y no lo reconocemos.
El castigo por la desobediencia fue dejar al hombre
como la prostituta de Baudelaire en el Louvre,
la cual se preguntaba si los pechos abiertos,
si las piernas desnudas de las estatuas no eran una indecencia.
En vez de quitarnos la inocencia nos condenaron a tenerla.

PALABRAS AL CREADOR DEL SURREALISMO

Entre nuestra consciencia y el mundo hay un pájaro con mil bocas.
Tú eras el padre borracho que lo golpeaba con los ojos
y no lo dejaba levantarse hasta el instinto,
tú sacabas las manos de la jaula para hacerlo cantar
y él se te escondía debajo de la frente.

Somos la fija presencia del mundo,
el árbol con la raíz llena de oídos
donde el pájaro descansa y no se atreve al caos.
El hombre que escucha y el hombre que calla,
la hembra siempre desnuda como un pensamiento,
la hembra que no se levanta, la hembra que aguarda
el relámpago húmedo de la noche.

Tus ojos hablan mejor que tus manos,
salías mejor de ti mismo que del arte.
Por eso la palabra es una jaula
y nosotros la abrimos despacio
para que el mundo no se asuste y cese el canto.
¿No es así, abuelo Breton, que a veces la mente caía
al centro de la sangre con un sonido de miseria?

Eras el sacerdote del delirio
pero tus poemas eran hijos del séptimo día,
tus poemas eran la tierra primigenia
que aún no es hombre ni se levanta.
Por eso hablan mejor tus ojos que tus manos,
por eso el pájaro que tiembla
pide las manos del tiempo para acariciarte
y sube por tu vida como la sombra del astro.

Tu actitud, tu veneración a la libertad,
tu miedo al caos sin manos,
al caos de los idiotas
que desmontan la jaula para caer en ella,
tu miedo a la razón, al artesano,
tu miedo al artista con el discurso falseado
es lo que aún nos guía,
es lo que aún nos hace humanos ante las cosas
y nos pide elevarlas hasta la sangre,
nos pide acercarlas, aunque nos desconozcan.
Entre nuestra consciencia y el mundo hay un pájaro de mil bocas,
pero hay tantas palabras que se nos confunden,
hay tantos nombres debajo de una sola voz.
¡Qué terrible saber hasta dónde caemos!
¡Qué terrible crear espacios, pero nunca salir de uno mismo!
Tú señalaste la frontera de lo posible,
tú ampliaste el lenguaje y lo acercaste a las cosas
pero lo humano nunca sale a revelarse,
pero lo humano es una jaula
donde el pájaro del mundo no se atreve a cantar.

RECORDATORIO DE WILHELM KOSTROWITZKY

Te dejaron vivir para escucharte,
te perdonaron porque nadie puede robar la Mona Lisa
y ser juzgado por los hombres.
En aquel tiempo el arte vivía en las cabezas
y salía al mundo para robar arlequines y caballos.
Hoy los poetas te pronuncian despacio como un poema dadá
o como la palabra surrealismo que aterraba a los banqueros.
Por ti todos los puentes recuerdan el amor de las prostitutas
y que la noche es una navaja afeitando al sol cada mañana.
Por ti las tetas de Tiresias fueron los ojos de la época.

Amo el tiempo en que los poetas
se creían más grandes que la poesía,
donde cada uno fundaba la religión
y tenía un enjambre para escucharlo.
Nadie quería ser el gran poeta sino el gran descubridor.
La tierra era un paño sobre el ojo de la humanidad,
la tierra reclamaba verse de nuevo rodeada de acólitos
mientras los grandes poetas jugaban en París a asombrarse
con un cuchillo de sórdidas sílabas.

Pero yo nací marcado por la nada,
yo que repito mi idioma como un goteo encima de las cosas,
nací para escucharte, para entenderte debajo de mi sombra,
nací para repetir la señal sobre la puerta del verso,
que solo se abría para negar,
que solo se abría para golpearme el rostro.

Tu nombre sigue anclado al poema,
tu nombre sigue percutiendo el tambor de la guerra
y sonando en los salones y los conventos.

Yo que escribo como amputando a un herido,
yo que siento lo invisible desnudarse ante el alcohol
nunca tuve el amor de las palomas
ni la venganza de los prestamistas arrojando oficinas al pecho.
Tu canto huye de los funcionarios y las lavanderas,
sale como una camisa del pecho de Europa.
¡Qué será del mundo donde la cabeza del poeta
es golpeada por la violencia!
¡Qué será del mundo si lo único que canta es el dolor!
Guillaume, fuiste a la guerra sin poder escapar de la poesía,
fuiste a la guerra con todos los poetas en el pecho,
y aún hoy mueres de una herida invisible,
aún hoy mueres de lo mismo y nadie se asombra.
El horror tiene manos y tiene dientes
y camina entre los hombres y los despierta con disparos.
Todavía vive el hombre asesinando lo verdadero.
Todavía vivo en la época, en tu época, Guillaume,
donde la violencia termina triunfando sobre la belleza.

TRÍPTICO DEL ARTÍFICE

I

Nada fuera de nosotros
vendrá a salvarnos de lo humano.
Narciso quiso ser su propia imagen,
yo solo quiero ser el río.

II

Cuando me mencionas
soy un espejo palpitando bajo un río
que arrastra lentamente mi nombre hasta tu boca.
Estoy naciendo en el pecho de todo el que me lee.

III

Nos vamos turnando la garganta del universo.
Y cada poeta que viene
la encuentra callada en su ombligo.
Cuando nos cortan el cordón nos separan del lenguaje del mundo.
Nuestras palabras son las vísceras de las cosas
sobre el cuchillo sangrante de la lengua.

SALUTACIÓN POR WHITMAN

Quisiera decir contigo que no sé explicar la yerba.
Ella crece para que nosotros la notemos
y se esconde cuando el niño viene a reconocer al hombre que somos.
Tú te sientas, dices: Todo esto es el pañuelo de dios,
porque él ha llorado para que nosotros podamos llorar
porque él baja hacia los enfermos para que nosotros estemos enfermos.
Y al final nos lleva a su bolsillo como un insecto, un trozo de piedra brillante.
La yerba, padre Whitman, la yerba que nos rodea.
Debajo de ella crece el asombro,
debes arrancarla para entenderla,
debes dejar al hombre ser malvado para salvarlo.
Todas las generaciones futuras vienen a ti,
recién nacidas para que tú los bautizaras con el mundo.
Vienen los niños, los poetas que elevarán la yerba hacia el cielo.
Un coro de recién nacidos se reparte tu voz.
Uno termina por venerar lo que no puede temer.
Vienen los niños ante ti con sus actitudes enemistadas.
Pero yo solo te escucho como el puro pecho del día,
como el aire debajo de las piedras que callan ante las ambiciones.
Yo me llevo el nombre a la espalda como si me fueran a regañar.
Todas las generaciones futuras vienen a ti creciendo en la ciudad desolada,
como hollín lleno de ojos, como destrozados brazos sujetando tu silencio.
Las futuras generaciones, esas que habitan las ciudades
donde la hierba solo crece en los cementerios.

SALUTACIÓN POR PESSOA

Hola, hermano,
tú que estás tan solo
y sigues mirándonos desde la ventana de tu pecho,
yo paso por la calle que huye,
yo voy a comprar tabaco y me vuelvo humo,
yo soy el que calla para que hable el hombre.
Yo y ellos, yo y el nombre sobre la puerta,
el tranvía lleno de sombreros y de zapatos
rodeando un espejo astillado,
los tranvías como venas cortadas por la siguiente parada,
por el cuchillo de las estaciones,
por el alma que se baja de su cuerpo.

Por la acera se acerca tu madre,
tu padre, el amor de tu vida
y tú apenas los miras,
nadie te está saludando.
Hola, señor Estévez, hola día de mi muerte,
vengan, tomen mi dirección, los nombres
sepultados en los cajones.

Desde aquí te observo,
tu vida diaria, tus preocupaciones.
Desde aquí tu vida diaria es la muerte,
tus preocupaciones, mis esperanzas,
tu miedo, el miedo.

Antes que yo tenías un cuartucho
y dejaste que la nada del mundo te dictara palabras de espanto,
tú que tienes un país en la garganta
te llamaban desde ti mismo todas las almas,
respondías siendo cada uno y
despertándote distinto cada día.

Pero yo crezco en la ribera del tiempo
y solo te puedo saludar cuando no respondes,
cuando nosotros somos el señor Estévez
y tú eres la ventana que permanece
siempre abierta para que alguien salude,
para que el hombre se reconozca en el Hombre
y no calle como un miserable ante la vida
y hable, hable consigo mismo
y se ponga a escribir despacio y recuerde todas sus vidas.
Ahora pasas por esta vida con el oporto de la tarde
que bajaba como un sol por tu garganta,
ahora eres Caeiro y eres de Campos,
ahora eres un oficinista que pensaba en inglés
y sufría en el esperanto del alma,
ahora eres una literatura llena de hombres
que temían al hombre.
Pero nada, ni el que te observa ni el que eres,
nada, ni el que te olvida ni el que te ama
te harán perder tu nombre, Pessoa,
los demás eran los que se levantaban para saludar al mundo.

Hola creación, disculpen si estoy mal vestido,
disculpen si soy demasiado yo,
disculpen por todo y por nada,
por el silencio de mi siglo,
y la bulla de los muertos.
Al que no reconocen es al que aman.
Esto soy yo y nada pido.

TRÍPTICO DE LA INFANCIA

I

Catilina era un niño cuando lo apresaron,
apenas podía levantar una espada para protegerse el rostro.
Su sueño siempre fue entrar al mundo de los adultos.
Catilina logró esto al tiempo de darse cuenta
de que el juego había terminado.

II

Somos las conchas perdidas en la tierra,
el mar ruge en nuestro interior
y aún nos asusta.

III

En los Triunfos los generales
Solían traer de las tierras lejanas a sus enemigos,
Enjaulados, entre barrotes idénticos a los de las cunas,
la única diferencia estaba en el recuerdo.
Un bárbaro enjaulado antes de morir no tiene historia.
Los niños son bárbaros enjaulados por la vida.

ELEGÍA PARA MI PADRE

Debajo de mi piel los siglos no han pasado.
Soy joven porque todavía no he salido de tus adentros.
Soy joven porque aún no he conquistado la superficie de mi cuerpo.
Eres el mismo Eneas llamado a fundar una ciudad sobre su derrota,
sobre el territorio extraño de la muerte,
el mismo que construyó ríos y ejércitos gemelos,
los días y las noches romanas que se turnan para acariciarme.
Padre, debajo de esta piel sigo temiendo la misma noche
donde ardieron tus naves ante Dido,
sigo temiendo el trueno y los bárbaros de confusas estaturas
que regresan en la sangre.
Debajo de mi piel los siglos no han pasado,
y aún sigo esta lucha por salir de mí mismo, de ti mismo,
por desunir la raíz de la historia y la raíz del hombre,
por desunir el llanto de mi madre del llanto de tu esposa.
Escúchame, padre, la infancia sigue siendo el exilio de la historia,
mírame, padre, no soy tu hijo desde hace tanto tiempo,
soy el que sigues esperando,
soy el fluir de una vida contra lo eterno,
el fluir de las olas contra las olas.
Los legionarios de Calígula recolectando conchas al mar,
el hombre frente a la batalla de su vida,
acaso el hombre frente a la batalla de su muerte.
Al final seré de ti la sombra extendida de un río
y un epitafio al borde del camino,
una legión de enfermedades repetidas,
por donde has de volver derrotado por el tiempo
y por esas sombras que poco a poco
terminan por parecerse a mí.

ELEGÍA DEL NACIDO

Para pasar de época construimos sin saber una fosa enorme
y toda la vida suavizamos los bordes con nuestras cabezas,
sin saber que solo estamos acomodando nuestro espacio en ella.
El espacio dejado atrás es el tiempo que se hace llamar nuevo.
Llamados a descender solo miramos a las estrellas
como barrotes de una inmensa edad que los hombres desconocen.
Madre, llamados a descender,
Volvemos a repetir el abismo para nuestros hijos,
para los animales futuros, para la tierra soñada hasta el ocaso
 por tantos imperios.
Todo lo repetimos,
y lo sabemos cuando el dolor de la fosa
nos llama en el dolor del abuelo,
en el sufrimiento del hermano por no saltar la fosa enorme del país,
en el grito convulso de los niños viejos en el alma,
el grito que nos impide aconsejar al hijo,
y solo decimos para nuestros adentros:
"Hijos, pongo en ustedes un círculo,
la perfección de la nada,
pongo en ustedes esta edad hueca
que llenarán con el sufrimiento,
con los años de aprendizaje,
con las cunas vacías."

Una fosa de cielo nos empuja sobre la tierra para la maldita
 repetición.
Una fosa, madre, vivir con el peso de los astros para cavar una fosa,
guiados al incierto inicio sin la certeza de la marcha.
Madre, engendraste un círculo rodeado de polvo
Y en su mismo centro me pusiste como su destrucción,
para salir al mundo a partes iguales,
un hombre de mi época y un verdugo de los años idos.

Una fosa enorme para dejar la misma huella,
los mismos límites, el mismo dolor, los mismos huesos.
Ahora entiendo la eterna caída de los muertos.
Ven y haz la circunferencia perfecta de tu época,
nadie irá recto hacia la muerte.

RÉQUIEM POR MI ABUELA

Entre los cabellos de mi abuela veo a las legiones de Varo, ignorantes,
marchando hacia la derrota,
hacia una emboscada que llega a toda la extensión del cuerpo, del imperio.
Ella descubre sus manos temblorosas para que yo vea los escudos
defendiéndola de los germanos, del tiempo,
de la patria lejana que maldice como una infancia.
Ante la vida todos somos legionarios yendo hacia una emboscada
en territorio propio,
perdiendo las armas sin siquiera notarlo,
apagándonos o purificándonos como los cabellos de mi abuela.
El bosque de Teutoburgo: el rostro de la derrota.
Abuela, cada noche vas hacia mi cama y me das el beso de los derrotados,
apenas yo un párvulo que contempla los ejércitos enemigos
y no los puede nombrar.
Que contempla el tiempo como un germano acechante
y no lo puede sufrir.
Apenas extraños montando rondas sobre mi cama.
Ya voy a dormir, abuela, y aún te sigo contemplando,/
sigo contemplando tu rostro como una lanza descansando en el horizonte,
como el misterio de los druidas que evitan la batalla,
que descansan regios sobre proles dadas al mundo.
Por ejemplo, no comprendo por qué luchan tus años y los años perdidos
en un campo de batalla que ya desandan hijos, nietos,
no puedo comprender esa lucha en calma
a la que sometes la tarde quieta en que juego,
las lentas batallas que deciden el imperio de tu enfermedad,
de tu tos, como un cuerno galo
o como el comienzo del pillaje eterno de las edades rebasadas.
En el reciente juego de mis años los ejércitos tampoco se tocan,
aún no existen,
o aún no me buscan como mastines cansados de la misma carne
desgastada.

Lo terrible ocurre durante el sueño de la inocencia,
cuando me llevas a la cama
y me dejas lejos, a los pies de las murallas ya invadidas,
viéndote sufrir sin saber que sufres,
lejos, no entendiendo los cementerios,
esa tregua final sobre la yerba.
Me avizoras la guerra del tiempo en mi carne.
Esa, la lenta guerra que llevas en tu pelo,
ahumado por los cuerpos de los legionarios,
ahumado por los años bárbaros que no dejan de acecharte.
Ya voy a dormir, abuela,
el mismo sueño de Augusto maldiciendo su vejez,
o sus legiones perdidas en el bosque del olvido.
Ya ve a dormir, abuela, la guerra continúa en mí
y jamás te tocará con tanta insistencia, no de nuevo.
Su blanca lejanía en tu pelo,
sin embargo, me hará pensar en la paz final
en que los imperios se derrumban.

TRÍPTICO CON PÁJAROS

I

Los pájaros sin vuelo nos parecen vistosos.
Nos conmueve su mudez.
Posibles porque están lejos de su función.
Para el observador
los pájaros que vuelan son invisibles
y jamás cantan.

II

Los pavos reales han empollado al sol
lo han visto crecer debajo de sus plumas.
Volaron al nido del cielo y su peso de eternidad
les impide crecer hacia la muerte.
Por eso desde entonces no vuelan.
Sus colas chamuscadas nos hablan de un incendio
en el ojo del hombre.

III

Vivimos secándonos las alas
como los buitres después de la tormenta.
Esperamos toda la vida a estar secos,
a estar listos para desplegar la existencia sobre las cosas
como el musgo sobre la tierra.
Pero nunca nos levantamos de la tumba.
El vuelo solo complace a los suicidas.

ELOGIO PARA MODIGLIANI

No te atrevías, Amedeo,
a pintar los ojos del hombre.
Venían las hijas de los banqueros, las duquesas,
pero te guardabas los ojos en el pliegue de la mano
como monedas ante un mendigo.

Pintabas como cazando una fiera,
hasta abrirle un ojo en el lomo.
Una herida que busca su mano y busca su espada,
porque todo sacrificio pide la inocencia de la víctima,
porque los ojos son las heridas del alma.

Qué es el arte, Amedeo, sino la caza de lo verdadero
hasta torturarlo, hasta dejarlo sin ojos,
hasta sanarle la visión con todas las visiones.
Y qué es la vida sino el oscuro silabeo de un párpado asustado.
Nosotros nos asomamos debajo y hurgamos
el rostro del mundo, desnudamos la luz con los años.
Y nos parecemos a la gacela emboscada
cuando descubrimos el animal
que nos está mirando desde los huesos.
Por eso te vestirás de hombre después del sueño para no asustarlo.
Temías pintar los ojos para que no te reconocieran,
porque la vida es el ojo exaltado de los inocentes
y tú eres el cazador de lo verdadero.
Los ojos son la huella de la bestia hasta su guarida,
por eso no los pintabas,
por eso dejabas que el hombre saliera ileso de tu atelier,
saliera a ignorarse entre las cosas ciegas,
a vivir su paso invisible por el mundo visible.
Dejabas huir a los hombres
porque la eternidad no tendrá ojos
para ver dónde se esconden.

NOCTURNO PARA VINCENT

Tu cielo es el ojo donde el mundo se mira,
condenándonos, viejo Vincent.
Es una soga y nuestra inocencia es una cabeza desnuda.
Esta vida tan amarga como Tahití a los ojos de tu amigo Gaugin,
esta vida te da la locura
para que tú le des tus ojos
y tu delirio lleno de estrellas inhumanas
y de cometas rondando la noche
como moscas incendiadas.
Quiénes somos sino los que condenan a sus mejores hijos
y deben amarlos cuando mueren.
Nadie es culpable de tu tormento, Vincent,
sino la culpable humanidad que no te elevó
hacia su pecho lleno de noches.
Eras el silencioso pastor de las estrellas
y ellas te susurraban una melodía amarilla al oído
porque la noche lleva tu nombre
y el día es una cuna para aterrar a tus verdugos.
Es primavera en Saint-Rémy-de-Provence,
el viento y los símbolos lloran de silencio.
Das el miedo del padre que vuelve a acostar a su hijo
y cierra la noche como un puño debajo de su cabeza.
Tu cielo es el ojo donde el mundo grita nuestra condena.
Tu cielo es la piel de Giordano Bruno ardiendo en la hoguera.

TRÍPTICO DEL ARTIFICIO

I

El ruido es la intemperie,
el silencio es el vientre de las cosas.
De ahí salen los hombres aullando sobre el mundo.
Pero deben volver al hogar,
deben volver a la tierra callando, deshabitados.
Tú, poema, hecho de ruido y de silencio,
construyes techos para el hombre,
tú pones nombres como ventanas,
tú haces las cosas habitables.

II

Algún día se percatarán de la belleza,
algún día no solo recorrerán los museos
sino que habitarán en ellos,
algún día el poema será un cuarto de tránsito
y la poesía una ciudad de inocentes.
Por ahora hazte misterio, poema,
por ahora golpea al hombre
con el futuro que desconoce.
Por ahora serás una prostituta desnuda
ante los ojos de un niño.

III

La poesía es el muñón del mundo,
se levanta a caminar y es el hombre el que camina,
se queda inválida en el centro de la noche
y es el hombre el que le da sus pies.
Sin ti la tierra fuera un enfermo postrado
y el cielo, el médico inclinado sobre su paciente.
Sin ti fuéramos el pie amputado de las cosas,
fuéramos la bestia que devora su cola
cuando ya no le pertenece.

ORACIÓN POR EL POETA EN NUEVA YORK

¿Cuántos sueños pasarán aún por esta muchedumbre herida?
¿Cuántas humanidades habrán de nacer debajo del dólar enfermo,
del dólar encerrado como una bestia en todos los bolsillos?
Quién puede imaginar las calles sangrando petróleo,
todos los rascacielos tambaleándose cuando murió la palabra padre.
Quién puede sentir la enfermedad terrible
que a nosotros nos hace falta,
la enfermedad terrible que acabe
con la pobreza de mundo que tenemos.
No puedo entenderte, Lorca,
no podemos entender la ciudad terrible
cuando su luz no nos parece terrible.
Yo solo tengo el mapa confuso de tus poemas para encontrarme
y una pena desconocida que me despierta de pronto
ante el velorio del país.
A qué muerto lloramos,
a qué cadáver le daremos la forma del dolor
cuando él no nos pertenece.
La pena del mundo viene con su arma siniestra,
entra por nuestra casa pidiendo nombres
y resulta ser un inquilino al que le damos la mejor cama
para que se vaya pronto.
Nada mas espantoso que ver a los hombres agonizar
debajo de la multitud.
Nada es más espantoso que vivir en un país
donde el horror va de boca en boca,
de sueño en sueño
y nunca grita.
Nada, excepto sufrir el mundo sin conocerlo,
sufrir el mundo sin salir del vientre de la madre,
presos de la madre, del país,

sufrir el mundo como Atlas, que lo carga a sus espaldas y lo
desconoce.
Tu horror viene como un vendedor de periódicos
a revelar lo que Nueva York olvida.
Tu horror, amigo Lorca, viene y nos pasa por el costado
sin tocarnos, sin conmovernos.
Viene y nos acaricia con los ojos de perro y nos habla,
nos habla de Whitman traicionado por sus hijos,
del delirante misterio de lo ajeno,
de lo impropio en los rostros que ignoran todo antes de morir.

Tu horror es extranjero.

ORACIÓN POR EL POETA EN LA MUERTE

El hombre debería avergonzarse por respirar,
debería inclinarse despacio ante tu nombre
porque el poeta que ahora habita la tierra tuvo miedo.

El tiempo perdona a los muertos
para que sufran los vivos,
el tiempo es una nana que mece a la humanidad
hasta que duerma destrozada.

Qué lugar nos queda, que espacio para habitar
si la tierra te ha matado, si el hombre te ha silenciado
tan bárbaramente
como si nosotros naciéramos de tus pulmones destrozados
y el futuro fuera la sangre de todas tus heridas.

Los ríos de la muerte hinchan tus venas de piedra
y llegan murmurando,
llegan más humanos que tus asesinos.
Quédate quieto sobre la mesa destrozada de tus órganos
para escuchar la sangre de los verdugos caer por tus ojos.
Quién pudiera callar de la emoción y vivir gritando del dolor,
quién puede detener la muerte que llega sonámbula
por los nombres y los deja mudo sobre las cosas.
Dios arranca la espalda de los caminos
y manda un potro de sombra que teme a la muerte,
manda un nido de ojos,
un ave abierta con una brújula en el corazón.

Entrarás cantando al fondo de los olivos,
entrarás al tiempo con el tambor en el pecho
y el sonido de las balas que nunca tocan la eternidad

porque de ti viene lentamente un duro signo de senos dormidos,
una persistencia inútil en una piedra que sangra,
el beso dormido de las madres eternas,
viene la voz cadenciosa de una gitana durmiendo a un niño sin brazos,
España sin cuerpo y el cuerpo del Generalísimo,
de ti se aproxima una inexorable revelación de punzones desvelados,
una cadencia extenuada y llena de risa,
las altas ciudades del dolor,
las duras adelfas, el silencioso piano de la memoria,
la Residencia de estudiantes,
La Barraca,
el toro de la sangre,
a ti vienen todas las cosas, cabizbajas, eternas, arrepentidas,
para que las perdones por siempre.

TRÍPTICO DEL LENGUAJE

I

El lenguaje es Helena esperando por ser rescatada,
poco le importa que arda todo.
El hombre tiene que cuidarse no de las Helenas
sino de los troyanos que la buscan,
no de las palabras sino de las injurias.
El silencio viene antes de la derrota.
El silencio está lleno de troyanos.

II

El lenguaje se dirige al sentimiento
como la flecha a la diana.
Una palabra es una armadura
que ha dejado el cuerpo afuera.
Una palabra lucha a muerte por ser reconocida
por sus enemigos, pero nunca enseña su rostro.
Sale a pelear en la llanura del discurso
pero regresa en el aire como los dioses
que hablan con los hombres vestidos de hombre.
La palabra calla para que nosotros cantemos.

III

El lenguaje es una caravana de prisioneros.
Debe aprender a desnudarse ante la emoción,
la guerra de donde viene es el silencio.
La palabra potro teme al potro innombrable,
la palabra amor es una fría piedra palpitante.
Ella va hacia el lenguaje con la tiranía de las bocas,
va al lenguaje con el látigo de la lengua a sus espaldas.
El silencio del mundo, su guerra,
se comienza a perder en los labios de un niño.

LETANÍAS DEL MALDITO

Mi generación es una prostituta a la que le ruboriza la belleza.
Mi generación se acuesta con vagabundos y marineros
aunque teme acostarse con la poesía.
Yo la golpeo en el verso
porque es más humana que mis lamentos,
yo la golpeo hasta golpear la época,
hasta compadecerme de su vientre destrozado
como si el mundo tuviera sífilis porque ella sufre,
como si las cosas temblaran porque ella se deja golpear.

Estamos condenados a ser el sonoro vómito del mundo,
la carroña que les muestra a los hombres
el camino invisible del tiempo.
Estamos condenados a ser las aves del paraíso,
cantamos entre los hombres las melodías que él apenas recuerda.

Soy el que envidiará el ritual de los burdeles,
el achís que saca a patadas de nosotros el genio,
soy el que te lee desde la miseria de un país
que destroza el país que llevo dentro.
El país de marineros que navega
sobre el lomo de sus mejores hijos
me insulta hasta que me tiemblan los huesos,
me obliga, nos obliga a dormir
desnudos sobre la playa del tiempo,
sobre el blanco oleaje del futuro, Baudelaire,
sobre la marcha que nos justifica el golpe,
la débil luz de los abismos asimilados,
sobre toda la literatura, sobre toda la vida robada,
sobre el rincón delirante donde un mago saca su astillado
instrumento.

Así vamos de un sueño en otro,
sobre el oleaje de la sangre,
palpitando al fondo del dolor ajeno, al fondo del tiempo inquieto
del poema.
Así volvemos a casa, los poetas,
solos, derrotados,
Antes de que amanezca otra vez sobre el mundo.

EPICEDIO DE OTRO MALDITO

Tu idioma era un gallo que sacudía la mañana con sus ojos
y la bebía hasta hacerla cantar.
Pero el hombre, luego de despertarse
y ver lo sonoro de su rutina
te echaba al patio junto al silencio.
El día era tu castigo
mientras la ebriedad del mundo dormía en tu pecho
y se levantaba sobria en la mañana para insultarte.

Yo te vi arremeter contra la rima con tus rimas desoladas.
La literatura salía de ti blanca como la ropa recién lavada
de los presos que han muerto.
Tu verso bajaba a recoger el fruto con ataúdes,
su ritmo era la pala de lo vivo sobre la piedra.
Así tu canto se volvió súplica,
porque el mundo te torturaba y la luna no te daba reposo.

Qué terrible es el destino del que canta mientras es torturado,
nadie lo oye sino cuando ha muerto y no puede toser
y no puede taparse el rostro cuando leen sus poemas
y no puede defenderse precisamente de lo que ama.

Odio a los poetas abstemios, perfectamente vestidos,
con corbata y voz de señora
cuando leen sus poemas horizontales.
Odio a esos poetas, tanto como la perfecta sobriedad del mundo,
la sobriedad de los que ahora te leen,
los que leen al poeta y odian al hombre.
Ellos pedían un milagro
pero tu idioma se levanta con ellos,
los levanta el último día para perdonarlos,
los levanta porque tú has caído hacia sus vidas.

Todo se levanta ahora que has muerto,
ahora que tus poemas indefensos cantan
para que la humanidad calle.
Ahora que tu idioma sigue siendo el gallo
y ellos los dormidos.
Ahora que tu dolor nos ha desvelado para siempre.

Mientras el poeta maldito habite la tierra,
todo hombre será un verdugo.

ELEGÍA DEL ILUMINADO

A Ernesto Delgado

Niño perdonado por la ceniza,
mira a la gente construyendo puentes sobre el agua de los comienzos.
Huyendo del misterio, de lo perdible,
del agua que pasa y moja, de la muerte.
Míralos cómo se entretienen en hacer poemas debajo de ellos,
velando a las madres mandonas.
Yo te veo, Rimbaud, dejando el cuerpo de fuego sobre la eternidad
para un regaño de los que no te entienden,
para un silencio como un bastón levantado entre monjes.
Permíteme, por así decirlo,
pasar el puente siempre corto de la vida, descalzo, taciturno,
como cruzando un país enemigo,
el país del que vuelves hermano de tu madre,
hijo de la Poesía
y huérfano del mundo.
Ni tu podredumbre rompió las corolas que adornan los cementerios,
ni la noche fue tan terrible
cuando respirabas con un pie de menos
y el alma llagada y sola,
cuando todos, asombrados, recibían tus esputos,
tus entrañas domadas por el miedo a ti mismo,
cuando todos acudían a deshenebrar tu largo manto de calles infernales,
porque aún con el barullo de las panderetas bochornosas,
con el silbido de los idiotas,
con el carruaje roto de la palabra
aún,
el hombre temía pasar el puente,
pasar sobre el río crecido,
como una columna de prusianos hacia Paris,
como condenados a una misma orilla de casas cansadas.

Por ti sé que siempre el puente se desviste
como una niña asustada
cuando damos golpes a la bestia dormida en la página.
Todas las bestias del futuro, dando brincos por debajo de nuestras ropas,
dando saltos sobre los techos,
criándose entre nuestros poros enfermos,
criándose inútiles.
Todas las bestias, duermen aquí junto a nosotros
y nos pasan la mano
y nos consienten con el horror,
lo que nos lanza a la página como afuera de una jaula,
como si fuéramos bestias soltadas en el Paraíso.
Y cómo explicarlo todo sin asomo de locura que desborde los años,
cómo explicarlo todo, repito,
cuando cantamos ante la eternidad y nadie nos escucha.
Sin embargo, hay algo más grande que nosotros,
que el amanecer, hay algo, siempre dando tropiezos en la garganta,
hay algo, hay puentes de palabras ebrias,
hay el hastío que nos desnuda sobre la roca de los años.

Aquí vemos un vado, la niñez, cuando las orillas, puras, se besan,
allá vemos la corriente llevárselo todo,
la abuela y sus trastos dolorosamente ajenos.
Hay un algo, Rimbaud, que miraste aterrado, un algo quieto
Hay algo que miraste aterrado
cuando la bestia sacaba sus manos entre los barrotes de la palabra,
un lugar triste donde los niños juegan a echar barcos a la muerte.
Nadie puede ignorar tu horror, nadie.
Yo tengo aún tu edad cuando apenas regresabas, descalzo,
con los ojos preñados del misterio.
Solamente tú, amigo,
supiste: los puentes todos van al corazón del hombre
que aún no ha despertado la belleza de su regazo.
Solamente tú amigo,
supiste de la rabia de los dioses y nuestro paso sobre la vida
como un puente tambaleante.

Ahora solo debemos callar,
sentir hondamente y mirar al futuro,
y a esas cosas que nunca cambian en nuestras almas,
pudriéndose adentro, adentro,
donde no vemos ni somos siquiera nosotros mismos.
Tu infierno siempre será el mío.

ÍNDICE

ELEGÍAS DEL INOCENTE
Y EL MALDITO

Esta obra
se acabó de imprimir
con los auspicios de
Charo Fierro y
Antonio J. Huerga, editores

FINIS CORONAT OPUS